Philippe GUILLERMIC

Le plan comptable illustré

Éditions Happy Culture

Le plan comptable illustré

Auteur : Philippe GUILLERMIC © Copyright

pguillermic@yahoo.fr

Du même auteur :

- La comptabilité pas à pas. Éditions Vuibert
- La gestion financière de l'entreprise pas à pas. Éditions Vuibert
- Comptabilité 48 pages. Collection Fast & Curious. Éditions Vuibert
- Finance 48 pages. Vuibert. Collection Fast & Curious. Éditions Vuibert
- Plan comptable général. Éditions Vuibert
- 300 écritures incontournables. 48 pages. Collection Fast & Curious. Éditions Vuibert
- La comptabilité des auto-entrepreneurs. Éditions Vuibert
- Exercices corrigés de comptabilité, KDP

À paraitre :
- Le business plan pas à pas. Éditions Vuibert

La loi du 11 Mars 1957, n'autorisant, au terme des alinéas 2 et 3 de l'article 4, d'une part, que "les copies ou reproductions strictement réservées à l'usage privé du copiste et non destinées à une utilisation collective" et, d'autre part, que les analyses et les courtes citations dans un but d'exemple et d'illustration, "toute représentation ou reproduction, intégrale ou partielle, faite sans le consentement de l'auteur ou de ses ayants droit ou ayants cause, est illicite" (alinéa premier de l'article 40). Cette représentation ou reproduction, constituerait donc une contrefaçon sanctionnée par les articles 425 et suivants du Code Pénal.

Table des matières

Introduction 7

Partie 1. Principes et structure du plan comptable 9

   Présentation du plan comptable général 9

   Le plan comptable en vigueur 12

   La numérotation du plan comptable général 12

   Les comptes de bilan 12

   Les comptes de capitaux 14

   Les comptes d'immobilisations 14

   Curiosités au sujet des immobilisations 15

   Les comptes de stocks 16

   Les comptes de tiers 17

   411 Comptes clients 18

   Les comptes financiers 18

   Les comptes de bilan varient 19

   Le bilan : actif et passif 20

   Clin d'œil mnémotechnique aux comptes de bilan 22

   Résumé de la structure du bilan selon les classes de comptes .. 24

   Le compte de résultat 24

   Les comptes de gestion 25

   Les comptes de charges 25

   Clin d'œil mnémotechnique aux comptes de charges 26

   Les comptes de produits 26

   Clin d'œil mnémotechnique aux comptes de produits 27

   Bénéfices ou déficits 27

Les achats (comptes 60) 28
Les achats de services extérieurs (comptes 61 et 62) 29
Impôts, taxes et versements assimilés (comptes 63) 30
Charges de personnel (comptes 64) 30
Charges de gestion courante (comptes 65) 30
Charges financières (comptes 66) 31
Autres charges (comptes 67 et 68) 31
Ventes de produits fabriqués, prestations de services, marchandises (comptes 70) 31
Autres comptes de produits 32
Compte de résultat (très) simplifié 33
Quelques numéros un peu spéciaux 33

Partie 2. Méthode d'enregistrement des écritures 35

Principe de la comptabilité en partie double 36
Les journaux... 36
Hypothèse de travail... 39
A savoir au sujet de la partie double 40
Le compte en T 43
La comptabilité d'engagement 45
Résumé du traitement comptable.. 46
Fin d'année et nouvel exercice 48
Modèles d'écritures... 49
Lexique indispensable.. 51

Partie 3. Quiz – Le plan comptable illustré................................... 55

Quiz 1 – Les bases du plan comptable.. 56
Quiz 2 – Bilan et compte de résultat 57
Quiz 3 – Écritures comptables 58
Quiz 4 – Mise en situation 59

Corrigé des quiz 60

Appréciation des résultats des quiz 61

Les comptes de classe 8 62

Conclusion.. 62

Le plan comptable illustré

Introduction

Un petit fascicule, un atout majeur pour réussir

Après des années d'enseignement dans le domaine de la comptabilité, après des dizaines de milliers de livres comptables édités, après plus de 30 ans d'expérience professionnelles et de responsabilités comptables et financières, j'ai imaginé créer ce livre que vous tenez entre vos mains. Je suis convaincu qu'il vous sera utile et d'apprentissage agréable pour les débutants. Pour cela, il fallait que ce soit un petit fascicule très simple et illustré, très facile à comprendre et nécessairement en couleur (ce qui explique le coût relativement élevé d'une impression en couleur, mais je pense qu'autrement cela ne correspondait pas tout à fait aux objectifs de ce livre).

Le plan comptable est la porte d'entrée de l'apprentissage de la comptabilité mais il est trop souvent perçu comme étant compliqué pour les débutants qui n'y voient qu'une suite de nombres et de libellés dont ils peinent à comprendre la signification et l'utilité. C'est pour passer ce cap nécessaire de la compréhension du plan comptable général que ce livre a été conçu, en tant que méthode inédite, avec des illustrations et des explications simples, accompagnées d'astuces et de conseils utiles.

La compréhension du plan comptable est la meilleure voie pour les débutants, dans le but de maîtriser la comptabilité.

J'espère que cette méthode inédite vous sera agréable et utile pour vous accompagner dans votre apprentissage de la comptabilité, et qu'une fois que vous l'aurez lue, de manière plaisante, un peu comme vous le feriez en lisant une bande dessinée, vous aurez acquis les clés à la base de la compréhension de la comptabilité générale. L'objectif est de vous mettre sur les rails de la maîtrise de la gestion comptable, à travers une présentation des chiffres, puis des principes d'enregistrement des écritures, d'une manière sinon ludique, en tout cas illustrée autant que possible. Des conseils et des moyens mnémotechniques originaux vous sont proposés, afin que le plan comptable ne soit plus un obstacle à l'apprentissage de la comptabilité mais devienne plutôt votre meilleur atout.

Avec ces meilleurs atouts dans votre jeu, vous pourrez devenir un as de la comptabilité.

Le plan comptable illustré

Partie 1. Principes et structure du plan comptable

Présentation du plan comptable général

Le plan comptable général (PCG) codifie et règlemente l'enregistrement des opérations comptables des entreprises.

Sa mise en œuvre est destinée à l'élaboration des comptes annuels et des états financiers, dont principalement :

- Le bilan
- Le compte de résultat
- L'annexe (qui détaille et explique les comptes)

Les sociétés sont en effet tenues de produire chaque année des comptes normalisés avec le bilan (actif et passif) et le compte de résultat (charges et produits).

C'est sur le résultat que se calcule l'impôt sur les bénéfices. Les obligations comptables reposent sur des fondements fiscaux et juridiques. Ce sont ces fondements qui nécessitent une comptabilité normalisée et l'application du plan comptable général (PCG) pour les sociétés et également certaines autres entités privées non lucratives (associations et fondations concernées…).

Le plan comptable général est composé d'une liste des comptes numérotés et accompagnés de leur libellé. Des petits fascicules sont vendus dans le commerce (sous forme de livrets ou de dépliants) et peuvent servir de guides à l'usage des professionnels ou des étudiants

(ces petits livrets sont normalement autorisés aux examens).

Ces fascicules sont vendus pour quelques euros et contiennent des informations identiques, quelle que soit l'édition choisie. Vous les trouverez en librairie auprès de plusieurs éditeurs (dont Hachette, Nathan, Vuibert (où j'ai édité ma version), Dunod, Foucher...etc.).

Choisissez le modèle qui vous plaît, soit au format livret, soit au format accordéon (dépliant). Si vous débutez, Il n'est pas nécessaire d'acquérir un livre volumineux pour maîtriser le plan comptable.

Mais si vraiment vous l'estimez nécessaire, vous pouvez télécharger gratuitement la dernière version expliquée du plan comptable général sur le site de l'autorité des normes comptables : www.anc.gouv.fr (plus de 200 pages...).

Plan comptable officiel ⇨

www.anc.gouv.fr

Nous allons examiner maintenant la structure numérotée du plan comptable, en tant que méthode à la base de la maîtrise de la comptabilité des sociétés.

Vous êtes invités, pour commencer, à découvrir cette structure numérotée avec quelques boules de billard.

Le plan comptable en vigueur

Le plan comptable général est régi sous l'égide de l'autorité des normes comptables (www.anc.gouv.fr). La dernière version, remaniée de manière significative, est en cours depuis le 1er janvier 2025, (règlement n°2022-06 de l'ANC). Ce nouveau plan comptable comporte des comptes de base obligatoires pour toutes les entreprises et des comptes facultatifs.

La numérotation du plan comptable général

Le plan comptable général est divisé en 7 classes de comptes numérotées.

Nous avons donc 7 classes de comptes généraux (et non pas 8) ⇨

Il est possible que vous ayez remarqué une 8ième classe de comptes sur le livret du plan comptable, mais ce sont des comptes spéciaux que vous n'aurez sans doute pas l'occasion d'utiliser, sauf en de rares cas. Mais pour les curieux 😊 nous verrons à quoi correspond cette mystérieuse classe 8 plus tard, à la fin de ce livre, page 62.

Les comptes de bilan

Les 5 premières classes sont des comptes de bilan ⇨

Parce que l'entreprise doit produire chaque année son bilan comptable...

Précédemment, nous avons indiqué que l'entreprise, au titre des états financiers annuels, devait produire un bilan et un compte de résultat... Nous mettons donc pour l'instant les classes de comptes 6 et 7 de côté (qui sont utilisées pour le compte de résultat), afin de nous focaliser d'abord sur le bilan et ses 5 classes de comptes.

☑Le bilan représente le patrimoine de l'entreprise... soit pour résumer d'abord de manière très succincte :
- Ce qui lui appartient (actif)
- Ce qu'elle doit (passif)

Voici à quoi correspondent les 5 classes de comptes de bilan ⇨

Les comptes de bilan

1 Comptes de capitaux
N° de comptes commençant par ①

2 Comptes d'immobilisations
N° de comptes commençant par ②

3 Comptes de stocks
N° de comptes commençant par ③

4 Comptes de tiers
N° de comptes commençant par ④

5 Comptes financiers
N° de comptes commençant par ⑤

Les 5 premières classes de comptes du plan comptable étant donc des comptes de bilan, nous allons les mettre en évidence l'une après l'autre, aux pages suivantes.

Les comptes de capitaux

1 Comptes de capitaux

Les comptes de capitaux, commençant par le chiffre 1, représentent les ressources financières stables de l'entreprise.
Exemples ⇨

- 101 Capital
- 106 Réserves
- 16 Emprunts

☑ **Remarque**
Le compte 101 Capital est le premier, par ordre de numérotation, de tous les numéros du plan comptable général (PCG)... Le plan comptable est bien fait car l'on peut dire que le capital est à la base des fondements financiers de l'entreprise, et ceci dès la création. <u>Le capital, en quelque sorte, peut être comparé aux fondations d'une maison</u>, c'est à dire l'étape où tout commence.

Les comptes d'immobilisations

2 Comptes d'immobilisations

Le plan comptable illustré

Les immobilisations sont des biens et valeurs appartenant à l'entreprise et lui conférant les moyens utiles à son fonctionnement. Exemples ⇨

- 206 Droit au bail
- 207 Fonds commercial
- 213 Constructions
- 215 Installations techniques, matériels et outillages
- 2182 Matériel de transport
- 2183 Matériel de bureau et matériel informatique
- 2184 Mobilier...

Les comptes d'immobilisations correspondent à des investissements durables dont l'entreprise est propriétaire.

Curiosités au sujet des immobilisations

- Les immobilisations évoluent avec la technologie. Avant l'informatique, il y avait des machines à écrire et avant l'automobile il y avait des charrettes... inscrites en immobilisations !
- Dans le domaine agricole les vaches sont des immobilisations (2185 Cheptel) tandis que les veaux destinés à être revendus sont enregistrés en stocks (classe de compte suivante).

On distingue principalement trois types d'immobilisations :

Le plan comptable illustré

Les immobilisations incorporelles
Ce ne sont pas des biens physiques mais des droits et avantages :
- 201 Frais d'établissement
- 203 Frais de développement (recherche et innovation)
- 205 Concessions, brevets, solutions informatiques
- 206 Droit au bail
- 207 Fonds commercial

Les immobilisations corporelles :
- 211 Terrains
- 213 Constructions
- 215 Installations techniques, matériels et outillages industriels
- 2182 Matériel de transport
- 2183 Matériel de bureau et matériel informatique
- 2184 Mobilier

Les immobilisations financières :
- 26 Participations et créances rattachées à des participations
- 27 Autres immobilisations financières

Les comptes de stocks

3 Comptes de stocks

Les stocks entrent dans le processus de production et le cycle des ventes. Exemples ➜

- 31 Matières premières et fournitures
- 35 Stocks de produits
- 37 Stocks de marchandises

Les comptes de tiers

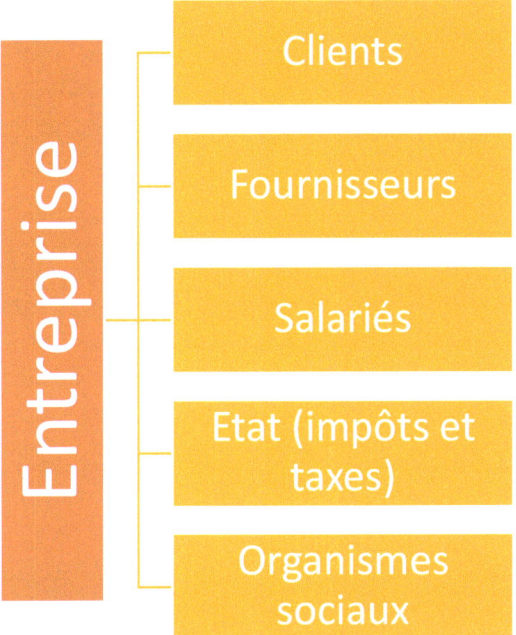

4 Comptes de tiers

Les tiers sont toutes les entités (personnes morales ou physiques) entrant dans le périmètre économique de l'entreprise.

Les comptes de tiers font donc partie de l'écosystème économique de l'entreprise, au titre de son activité. Exemples ➔
- 401 Fournisseurs (représente la somme des factures que nous restons à devoir payer aux fournisseurs)
- 411 Clients (encours clients =montants des factures que nos clients nous doivent)
- 42 Personnel (montants dus au personnel et comptes rattachés)
- 43 Sécurité sociale et autres organismes sociaux (montants dus à l'URSSAF, à la caisse de retraite, à la mutuelle…).
- 44 Etat (impôts et taxes essentiellement…)

411 Comptes clients

411 clients

Voici une petite pause pour souligner une notion importante à intégrer concernant le plan comptable.

Le plan comptable nous indique les comptes à utiliser. L'entreprise peut compléter les numéros pour les adapter à son propre plan comptable. On peut donc avoir par exemple : 41110 Client Martin, 41120 Clients Europe, 41130 Clients boutiques Paris. L'essentiel est de respecter les préconisations basiques du plan comptable.

- Nous avons pris comme exemple les comptes clients, mais la possibilité de subdivision des comptes est bien sur valable pour d'autres comptes du plan comptable général, comme les comptes financiers (classe de compte suivante).

Les comptes financiers

5 Comptes financiers

Les comptes financiers sont des comptes de trésorerie (banque, caisse et comptes assimilés, tel les placements). Exemples ⇨

- 503 Actions
- 506 Obligations
- 512 Banques
- 53 Caisse

Nous venons de présenter, les 5 classes de comptes de bilan ⇨

Naturellement, les comptes évoluent au fur et à mesure des enregistrements. Les enregistrements sont effectués au moyen des écritures comptables, lesquelles constatent toutes les opérations économiques de l'entreprise.

Les comptes de bilan varient

Les comptes de bilan peuvent évoluer chaque jour comme nous le verrons à la partie concernant l'enregistrement des opérations. Par exemple nous avons ⇨

Le **1er juin :**
1. 411 Clients : 2 000 €
2. 512 Banque : 500 €

Puis le **2 juin :**
- 411 Clients : 1 000 €
- 512 Banque : 1 500 €

Entre-temps le client a payé. **Important :** Il faut savoir que quand des comptes sont mouvementés, les sommes se retrouvent toujours dans un autre compte : rien ne se perd. Il est possible d'imaginer la comptabilité en partie double comme une commode : quand

on ouvre un tiroir, il y en a forcément un autre qui bouge au même instant.

Le bilan : actif et passif

Sans entrer dans les détails, nous pouvons déjà commencer à mettre en forme, de manière très synthétique le bilan comptable. Il y aura d'autres manières d'expliquer le bilan, mais maintenant il s'agit d'une première étape...

 **Le bilan se divise en 2 colonnes (actif et passif)** →

Bilan	
Actif	**Passif**
Ce que l'entreprise possède	Ce que l'entreprise doit
A l'actif et au passif sont placées des valeurs économiques enregistrées en euros au moyen des comptes du plan comptable, comme expliqué de manière simplifiée dans le tableau ci-après.	

Bilan	
Actif	**Passif**
	Capital **Emprunts** *Le capital appartient aux actionnaires, les emprunts à la banque....*
Immobilisations (machines, outils, terrains, matériels, véhicules...etc.).	

Le plan comptable illustré

3	**Stocks**	*Il n'y a jamais de stock créditeur. Il est possible d'avoir un stock à zéro, mais pas négatif !*	
4	**Clients** *Le poste client correspond aux factures clients en attente de règlement.*	**4**	**Fournisseurs Personnel Dettes sociales et fiscales**
5	**Banque Caisse**	*Un éventuel découvert bancaire pourra être inscrit au passif. Sauf pour la caisse, qui comme les stocks ne peut pas être créditrice.*	

Pour terminer la présentation des classes de comptes de bilan, voici un exemple très simple : « *Une société récemment créée dispose de 10 000 euros de capital, elle a acquis un véhicule pour 8 000 euros... combien a-t-elle d'argent en banque ?* ».

Voici ci-après la figuration de son bilan (très) simplifié →

Bilan	
Actif	**Passif**
	101 Capital social : 10 000 €
2182 Matériel de transport : 8 000 €	
512 Banque : 2 000 €	
Total : 10 000 €	**Total : 10 000 €**

Dernière petite question avant de bientôt passer aux comptes de gestion, c'est-à-dire le compte de résultat (les comptes des classes 6 et 7) ... Si l'actif représente ce que l'entreprise possède et le passif, ce qu'elle doit... comment est-il possible de considérer que le capital est une dette ? Réponse : le capital est effectivement mis à disposition de l'entreprise mais il appartient aux actionnaires...

Clin d'œil mnémotechnique aux comptes de bilan

Voici quelques moyens de se souvenir des 5 classes de comptes de bilan, par étapes successives de 1 à 5. Imaginons une nouvelle aventure : la création d'une société spécialisée dans le miel de terroir.

1 Comptes de capitaux

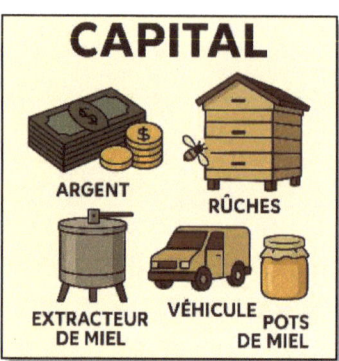

La première étape pour créer une société est de verser de l'argent en tant que capital. Ce capital permettra de réaliser les investissements nécessaires.

➔ **1**01 Capital

2 Comptes d'immobilisations

Le capital sera investi dans le droit au bail d'une boutique, c'est un investissement mis en immobilisation.

➔ **2**06 Droit au bail

Le plan comptable illustré

3 Comptes de stocks

La boutique permets de disposer d'un stock de fleurs à proposer à la clientèle.

➔ **3**7 Stocks de marchandises

4 Comptes de tiers

Le stock est destiné à être vendu aux clients. Les clients comme les fournisseurs sont des tiers.

➔ **41**1 Clients

5 Comptes financiers

Quand les clients auront payé, l'argent sera déposé en caisse ou en banque (comptes financiers).

➔ **5**12 Banque
➔ **5**3 Caisse

Résumé de la structure du bilan selon les classes de comptes

Nous avons 7 classes de comptes utilisées au quotidien.

Les 5 premières classes correspondent à des comptes de bilan, le bilan étant l'un des deux états financiers que l'entreprise doit réaliser au titre de l'arrêté de ses comptes annuels...

Le compte de résultat

Après les comptes de bilan nous avons les comptes de gestion qui appartiennent au compte de résultat, lequel est la suite des états financiers (comptes annuels), après le bilan. ... les deux classes de comptes suivantes du plan comptable en font partie, ce sont les « comptes de gestion » et les deux classes de compte correspondantes : 6 et 7.

Après les comptes de bilan, nous allons découvrir le compte de résultat (comptes de gestion) et ses deux classes de comptes ⇨

Comptes 6 et 7 : prêt ? Partez !

Les comptes de gestion

 **6 Comptes de charges** N° de comptes commençant par ⑥	Les classes de compte 6 et 7 sont les comptes de gestion utiles à l'élaboration du compte de résultat.
 **7 comptes de produits** N° de comptes commençant par ⑦	

Important : en comptabilité, nous n'utilisons pas les termes de « dépenses et recettes », ni même de « gains ou pertes ».
Nous utilisons les termes « charges » et « produits ». <u>« Les comptes de gestion donnent le résultat annuel ».</u>

Les comptes de charges

 **6 Comptes de charges**

Les charges correspondent à toutes les opérations comptables contribuant à diminuer le bénéfice de l'entreprise (ou à en accroître les déficits).

Les charges sont tout ce qui correspond à une consommation des ressources financières :
- Achats
- Frais généraux
- Salaires
- Charges sociales
- Charges fiscales...

> Pour le responsable d'entreprise, l'une des priorités, s'il veut réussir, sera de diminuer autant que possible le poids des charges.

Le plan comptable illustré

Clin d'œil mnémotechnique aux comptes de charges

Imaginons un sac lourd représentant une charge… 	…et que pour la porter y soit ajoutée une corde. L'ensemble ressemble à un 6. 

Cette explication tres imagée est très simpliste, mais elle a le mérite de permettre aux débutants de ne pas oublier que les comptes de charges commencent par le numéro 6.

Après les comptes de charges, nous restons dans les comptes de gestion avec les comptes de produits.

Les comptes de produits

 **7 Comptes de produits**

Les produits correspondent à toutes les opérations comptables contribuant à augmenter le bénéfice de l'entreprise (ou à en diminuer les déficits). Les produits sont l'inverse des charges.

 Bien évidemment, les premiers produits auxquels on pense, sont ceux issus du chiffre d'affaires, des ventes… Mais il y a d'autres produits (comme les subventions par exemple, ou encore les produits financiers).

Clin d'œil mnémotechnique aux comptes de produits

Voici une forme d'allégorie simpliste, pour se remémorer que les comptes de produits commencent par 7, comme le 7 qui fait décoller l'activité et les bénéfices.

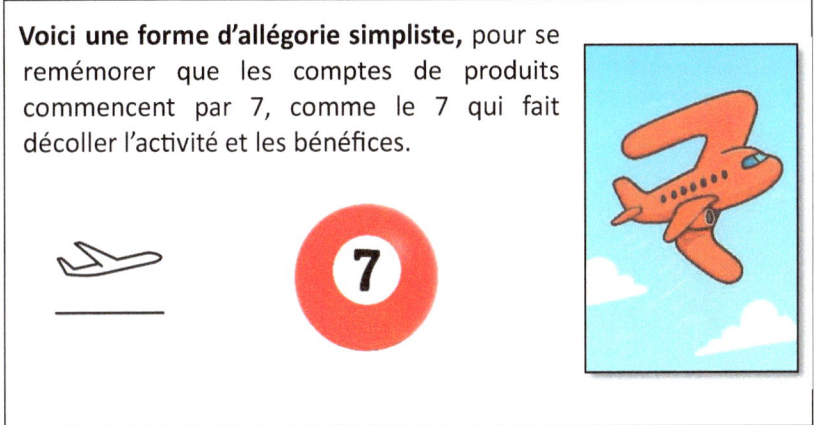

Bénéfices ou déficits

Pour que le compte de résultat annuel soit bénéficiaire, il est nécessaire que les produits soient supérieurs aux charges.

Si Produits > Charges ➔ Bénéfices
Si charges > Produits ➔ Pertes

A l'inverse, quand les charges sont supérieures aux produits, le résultat sera déficitaire ➔

Le plan comptable illustré

Maintenant que nous avons vu les comptes de gestion nous allons nous familiariser un peu plus en détail avec ces deux classes de comptes que sont les charges et les produits.

Les achats (comptes 60)

Les comptes d'achats commençant par 60 sont principalement :

- 601 Achats stockés de matières premières et fournitures
- 6061 Fournitures non stockables (eau, énergie...)
- 6063 Fournitures d'entretien et de petit équipement
- 6064 Fournitures administratives
- 607 Achats de marchandises

Les marchandises sont achetées par l'entreprise qui les destine à la revente sans transformation, dans le cadre d'une activité de négoce.

Les achats de services extérieurs (comptes 61 et 62)

Les comptes commençant par 61 et 62 sont des achats de services extérieurs (exemples) :

- 611 Sous-traitance générale, (tel le plombier qui va lui-même faire appel à un confrère pour un chantier dont il a la responsabilité)
- 612 Redevance de crédit-bail (ces redevances permettent l'acquisition d'un bien comme une imprimante, une photocopieuse ou une voiture en payant à terme une option d'achat)

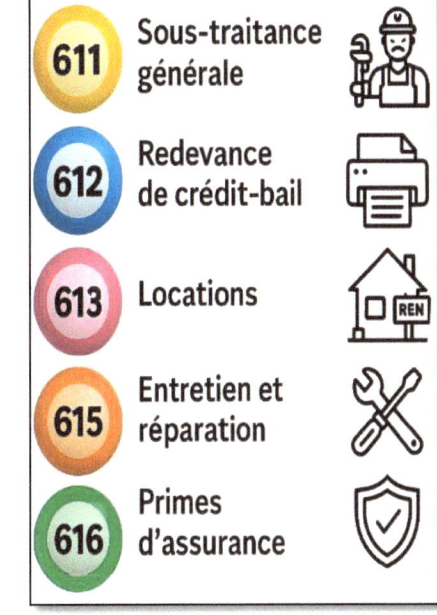

- 613 Locations (mobilières ou immobilières)
- 614 Charges locatives et de copropriété
- 615 Entretien et réparation (maintenance, frais de remise en état)
- 616 Primes d'assurance (responsabilité civile, incendie, vol, perte d'exploitation…)
- 617 Etudes et recherches (travaux en vue d'innovation permettant dans certains cas des crédits d'impôts).
- 621 Personnel extérieur (intérim, personnel détaché)
- 622 Honoraires (dont experts comptables, avocats, architectes…)
- 623 Publicité, publications, relations publiques
- 624 Transports de biens et transports collectifs du personnel
- 625 Déplacements, missions et réceptions
- 626 Frais postaux et de télécommunications
- 627 Services bancaires

Impôts, taxes et versements assimilés (comptes 63)

- 6311 Taxe sur les salaires
- 6331 Versement de transport
- 6333 Formation professionnelle
- 6334 Participation des employeurs à l'effort de construction
- 63512 Taxes foncières
- 63514 Taxes sur les véhicules de sociétés
- ... etc.

Charges de personnel (comptes 64)

- 641 Rémunérations du personnel (salaires bruts)
- 645 Cotisations de Sécurité sociale et de prévoyance (et de retraite)
- 6451 Cotisations à l'Urssaf
- 6452 Cotisations aux mutuelles
- 6475 Médecine du travail...

Charges de gestion courante (comptes 65)

- 651 Redevances pour concessions, brevets, licences.
- 654 Pertes sur créances irrécouvrables (créances clients)
- 656 Pertes de change sur créances et dettes commerciales
- 658 Charges diverses (dont écarts de réglements), pénalités...

Charges financières (comptes 66)

- 661 Charges d'intérêts
- 665 Escomptes accordés (pour paiements anticipés)
- ...

Autres charges (comptes 67 et 68)

- 67 Charges exceptionnelles
- 68 Dotations aux amortissements, aux dépréciations et aux provisions

Après les comptes de **charges, la dernière partie des comptes de gestion** est celle des produits et en tout premier lieu les ventes. ➔

Ventes de produits fabriqués, prestations de services, marchandises (comptes 70)

NB : - Les produits résiduels (703) sont issus de la production, mais non conformes : morceaux de ferrailles, copeaux de bois...

- 708 Produits des activités annexes : locations diverses, ports et frais accessoires facturés...

- Les marchandises (707) sont achetées par l'entreprise qui les destine à la revente sans transformation : activité de négoce.

NB : nous avons vu que les achats de marchandises s'enregistraient au compte 607 Achats de marchandises...

À travers la symétrie des comptes **6**07 et **7**07 apparaît la symétrie des charges et des produits avec la logique comptable : ➔

607 Achats de marchandises

707 Ventes de marchandises

Autres comptes de produits

- **7**1 Production stockée
- **7**2 Production immobilisée (production réalisée par l'entreprise pour elle-même et mise en immobisation mais non encore achevée : par exemple la création de nouveaux locaux ou d'un nouveau logiciel)
- **7**4 Subventions (aides financières perçues, par exemple de la part de l'État)
- **7**5 Autres produits de gestion courante (différences de règlement, différences de change, indemnités d'assurance...)
- **7**6 Produits financiers (et intérêts)
- **7**65 Escomptes obtenus (pour paiements anticipés)
- **7**7 Produits exceptionnels
- **7**8 Reprise sur amortissements, dépréciations et provisions

Compte de résultat (très) simplifié

Comme nous l'avons fait pour le bilan, nous allons présenter un compte de résultat très simple. Nous supposons que l'entreprise a acheté 10 000 € de marchandises pour les revendre 15 000 € :

Compte de résultat au 31 décembre année N	
Débit (charges)	Crédit (produits)
6 607 achats de marchandises : 10 000 €	**7** 707 ventes de marchandises : 15 000 €
Résultat : + 5 000 (Bénéfice)	

Cette partie théorique concernant le plan comptable général et sa structure est terminée. Ces bases seront nécessaires pour détailler les comptes et maîtriser le fonctionnement des enregistrements comptables dont la prochaine partie en présente les principes élémentaires.

Quelques numéros un peu spéciaux

Les numéros **8** et **9** ont une signification particulière selon la place où ils se trouvent.

Le chiffre 8 en seconde ou troisième position dans un compte peut indiquer qu'il s'agit d'un compte de régularisation, de dotation ou de reprise : 2**8** Amortissement des immobilisations, 40**8**1 Fournisseurs - factures non parvenues, 41**8**1 Clients - factures à établir, 44**8** TVA à régulariser ou en attente, 4**8** Divers comptes créditeurs, 47**8** Autres comptes transitoires, 4**8**6 Charges constatées d'avances, 48**7** Produits constatés d'avance. Bref, un **8** dans un compte : attention ! 😊.

Chiffre 9 en seconde ou troisième position : peut indiquer une dépréciation ou une position de compte inversée a sa classe de compte : 2**9** Dépréciations des immobilisations, 3**9** Dépréciations des stocks, 4**9** Dépréciations des comptes de tiers, 5**9** Dépréciations des comptes financiers, 40**9**1 Fournisseurs, avances et acomptes versés, 41**9**1 Clients, avances et acomptes reçus. De manière triviale, on peut affirmer que le chiffre **9** inverse le sens des comptes.

Partie 2. Méthode d'enregistrement des écritures

Principe de la comptabilité en partie double

La méthode d'enregistrement des écritures repose sur les principes suivants :

- Utilisation du plan comptable général
- Saisie des écritures dans le journal approprié
- Pratique de la méthode de comptabilité en "partie double"

Les journaux

Avec un logiciel comptable, les journaux d'enregistrement des écritures comptables diffèrent selon leur destination. Les principaux à retenir sont :

- Journal des achats (enregistrement des achats aux fournisseurs et de frais généraux)
- Journal des ventes (enregistrement des ventes aux clients)
- Journal de banque (enregistrement des encaissements et décaissements bancaires)
- Journal de caisse (enregistrement des encaissements et décaissements en espèces)
- Journal de paie
- Journal des opérations diverses (OD)

Avec un logiciel comptable, l'enregistrement des écritures dans les journaux se réalise dans une grille de saisie en lignes et en colonnes, selon une configuration qui peut différer d'un logiciel à l'autre, mais le principe de base reste semblable pour tous les logiciels de comptabilité.

Nous prenons l'exemple d'un journal des achats le plus simple possible, tel qu'il se présente sous cette forme pour tous les logiciels de comptabilité (la présentation est simplifiée en étant volontairement réduite en nombre de colonnes dans notre démonstration) :

Date	N° compte	Intitulé	Débit	Crédit

Explications

- La date : c'est la date d'opération (la date de la facture par exemple)
- N° : numéro du compte utilisé
- Intitulé : libellé du compte et/ou description de l'opération
- Débit et Crédit : montant au débit, montant au crédit

Voici pour exemple l'enregistrement d'une facture d'assurance au journal des achats :

Date	N° compte	Intitulé	Débit	Crédit
01/01/26	6161	Assurance multirisques	150	
01/01/26	40115	Fournisseur Axa		150

Important : cet exemple est à la base de la compréhension des enregistrements et de la méthode comptable. Cette étape est importante. Nous allons la détailler.

Date	N° compte	Intitulé	Débit	Crédit
01/01/26	6161	Assurance multirisques	150	
01/01/26	40115	Fournisseur Axa		150
		Totaux	**150**	**150**

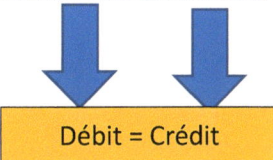

C'est l'un des impératifs de la comptabilité en partie double : le total des débits est égal au total des crédits, au centime près. A défaut l'écriture ne pourra pas être validée par le logiciel comptable.

Notre exemple présente une ligne au débit et une ligne au crédit. Mais il peut y avoir plusieurs lignes au débit ou au crédit. Peu importe le nombre de lignes il faut que l'écriture soit dite "équilibrée" (total des débits = total des crédits).

Le plan comptable illustré

Date	N° compte	Intitulé		Débit	Crédit
01/01/26	6161	Assurance multirisques		150	
01/01/26	40115	Fournisseur Axa			140
			Totaux	150	140
			Solde	10	

Écriture invalide, le solde doit être à zéro. Saisie déséquilibrée.

Écriture équilibrée (=OK)

Date	N° compte	Intitulé	Débit	Crédit
01/01/26	6161	Assurance multirisques	150	
01/01/26	40115	Fournisseur Axa		150
		Totaux	150	150

Explications

Date	N° compte	Intitulé	Débit	Crédit
01/01/26	6161	Assurance multirisques	150	
01/01/26	40115	Fournisseur Axa		150
		Totaux	150	150

Dans cette écriture il y a un compte de bilan qui est mouvementé, ainsi qu'un compte de gestion.

Rappel : nous avons vu à la première partie de ce livre que l'entreprise pouvait adapter son plan comptable à condition d'en respecter la structure. Ici nous utilisons le compte fournisseur 40115 Fournisseur Axa mais nous pourrions aussi avoir par exemple 401 110 Assurance Untel ou encore 401 110 Fournisseurs Divers, 401 120 Fourestier…etc.

Le plan comptable illustré

Explications (suite)

Date	N° compte	Intitulé	Débit	Crédit
01/01/26	**6**161	Assurance multirisques	150	
01/01/26	**4**0115	Fournisseur Axa		150
		Totaux	**150**	**150**

Le compte de tiers *40115 Fournisseurs Axa* est crédité, constatant une dette de 150 €.

Le compte de charges *616 Assurance* est débité pour 150 €, constatant une augmentation des charges pour 150 €.

Hypothèse de travail

Si notre exercice comptable se limitait à cette seule écriture, nous aurions le bilan et le compte de résultat comme ceci :

Bilan 31 décembre année N	
Actif (débit)	**Passif (crédit)**
	401 Dettes fournisseurs : 150
Déficit : 150	
Total bilan : 150 €	**Total bilan : 150 €**

Compte de résultat 31 décembre année N	
Charges (débit)	**Produit (crédit)**
61 Achats services extérieurs	
	Déficit : 150
Total compte de résultat : 150 €	**Total compte de résultat : 150 €**

Ce bilan et ce compte de résultat très simplifiés appellent les explications importantes qui suivent (soulignées).

Bilan 31 décembre	
Actif (débit)	**Passif (crédit)**
	401 Dettes fournisseurs : 150
Déficit : 150	
Total bilan : 150 €	**Total bilan : 150 €**
Actif Ce que possède l'entreprise	Passif Ce que doit l'entreprise
Débit = crédit (document comptable en partie double)	

Compte de résultat 31 décembre	
Charges (débit)	**Produit (crédit)**
61 Achats services extérieurs	
	Déficit : 150
Total compte de résultat : 150 €	**Total compte de résultat : 150 €**
Les charges diminuent le bénéfice	Les produits augmentent le bénéfice
Débit = crédit (document comptable en partie double)	

C'est le résultat (ici un déficit) qui équilibre le bilan et le compte de résultat. Grâce à l'efficience de la comptabilité en partie double le résultat est toujours identique (150,00 €) dans le bilan et le compte de résultat !

La comptabilité en partie double aide à vérifier les comptes et alimente, en cours d'exercice les différents journaux comptables, puis en fin d'exercice les comptes de bilan et les comptes de gestion (résultat).

A savoir au sujet de la partie double

En comptabilité d'entreprise, une erreur ou une anomalie doit pouvoir se retrouver.

L'enregistrement d'une opération dans un compte a nécessairement un impact sur un autre compte.

La partie double est un précieux atout de gestion, ainsi que nous allons le démontrer.

Reprenons notre exemple d'écriture :

Date	N° compte	Intitulé	Débit	Crédit
01/01/26	6161	Assurance multirisques	150	
01/01/26	40115	Fournisseur Axa		150
		Totaux	150	150

Notre écriture est composée d'une ligne impactant le bilan et d'une ligne impactant le compte de résultat.

Notez que ce n'est pas toujours le cas. Il peut y avoir des situations différentes, comme des lignes d'écritures au débit et au crédit n'impactant que les comptes de bilans. C'est le cas quand est enregistré le paiement au fournisseur, par exemple. ➔

Voici l'enregistrement au journal de banque :

Date	N° compte	Intitulé	Débit	Crédit
02/01/26	40115	Fournisseur Axa	150	
02/01/26	512	Banque		150
		Totaux	150	150

Différence entre le relevé bancaire et le compte banque de l'entreprise

Mais justement, au sujet des paiements, il est nécessaire d'éviter tout de suite un piège qui peut se présenter aux novices en comptabilité. En tant que particulier, vous êtes sans doute habitué à recevoir les relevés de votre banque. À la lecture de ce relevé, vous y voyez des sommes et des soldes apparaissant au débit et au crédit. ➔

- Ces montants se positionnent à l'inverse de ce qu'il y a dans les livres comptables.
- Sur le relevé bancaire, une somme au débit est au crédit dans la comptabilité de votre société, et inversement.
- Sur l'extrait bancaire fourni par votre banque, un solde débiteur correspond à un découvert, mais si l'extrait de votre compte banque dans votre comptabilité est débiteur, cela correspond à un compte correctement approvisionné (et inversement).

Le plan comptable illustré

- Gardez à l'esprit qu'en comptabilité, le compte banque fonctionne à l'inverse des relevés fournis par la banque (en fait ce sont les extraits du compte du client que vous êtes dans la comptabilité de la banque ☺).

Relevé bancaire envoyé par la banque			Comptabilité compte 512 Banque	
	Crédit x		Débit x	

Relevé bancaire envoyé par la banque			Comptabilité compte 512 Banque	
Débit x				Crédit x

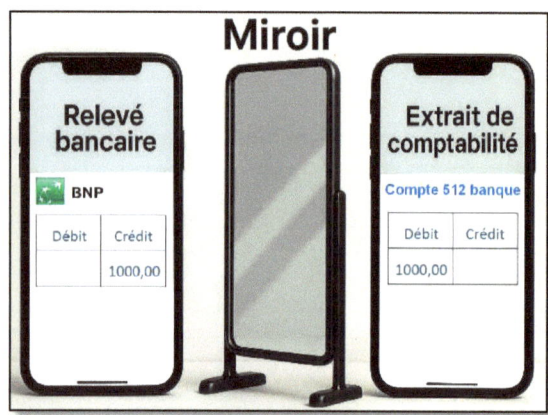

← D'un côté le relevé bancaire, de l'autre l'extrait du compte 512 Banque dans la comptabilité de l'entreprise : ils fonctionnent et se mouvementent en « miroir », de manière symétrique.

Maintenant que l'on a bien assimilé la différence entre l'extrait de la banque et notre comptabilité, nous pouvons revenir à nos écritures.
Reprenons encore une fois notre exemple d'écriture, d'abord celle que nous avons enregistré au journal des achats.

Journal des achats

Date	N° compte	Intitulé	Débit	Crédit
01/01/26	6161	Assurance multirisques	150	
01/01/26	40115	Fournisseur Axa		150
		Totaux	150	150

Dans notre exemple nous devons enregistrer le paiement du fournisseur (par la banque, au moyen d'un chèque ou d'un virement). Cette seconde écriture étant enregistrée au journal de banque :

Le plan comptable illustré

Date	N° compte	Intitulé	Débit	Crédit
02/01/26	40115	Fournisseur Axa	150	
02/01/26	512	Banque		150
		Totaux	**150**	**150**

Le compte en T

Nous reviendrons bientôt sur ces deux écritures, mais juste avant...

... voici un outil simple mais très pratique qui accompagne le comptable dans le suivi de ses comptes.

Il s'agit d'un outil indispensable et utilisable à tout moment, avec un simple crayon et une feuille de papier.

Cet outil est le « compte en T ».

- Il est en forme de T majuscule
- Sa partie gauche est le débit
- Sa partie droite est le crédit

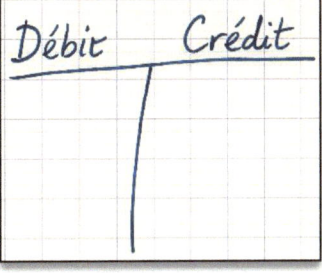

Ce compte schématique aide à comprendre et maîtriser les comptes de la partie double.

Compte en T	
Débit	**Crédit**

Nous mettons donc sans tarder le compte en T en application pour mieux comprendre le fonctionnement de nos deux écritures présentées en exemple ➔

Reprenons donc encore une fois nos exemples d'écritures :

Date	N° compte	Intitulé	Débit	Crédit
01/01/26	6161	Assurance multirisques	150	
01/01/26	40115	Fournisseur Axa		150
		Totaux	150	150

6161 Assurances

Débit	Crédit
150	

40115 Axa

Débit	Crédit
	150

Cette écriture débite le compte de charge 6161 Assurances par le crédit du compte 40115 Axa.

Date	N° compte	Intitulé	Débit	Crédit
02/01/26	40115	Fournisseur Axa	150	
02/01/26	512	Banque		150
		Totaux	150	150

40115 Axa

Débit	Crédit
150	150

512 Banque

Débit	Crédit
	150

Cette seconde écriture constate le paiement au fournisseur pour le montant de sa facture avec le règlement de la banque.

Suite à ce paiement, le fournisseur Axa a un compte à zéro (débit = crédit). Nous ne lui devons plus rien. On peut dire en jargon comptable que le compte « est soldé ». Le fait de passer deux écritures nous a fait transiter par le compte fournisseur et constater notre engagement envers lui.

La comptabilité d'engagement

C'est une des principales caractéristiques de la comptabilité en partie double et de la « comptabilité d'engagement » qui caractérise la comptabilité des sociétés... Cela diffère d'une comptabilité simple de trésorerie, où dépenses et recettes seraient directement imputées en banque ou en caisse. Ce n'est pas l'usage en comptabilité d'entreprise... car l'on doit dissocier la date de génération des créances et des dettes des paiements qui les concernent. La facture est d'abord enregistrée, puis le paiement fait l'objet d'une écriture distincte.

Voici ce que serait une écriture dans une comptabilité dite de trésorerie :

Date	N° compte	Intitulé	Débit	Crédit
02/01/26	6161	Fournisseur Axa	~~150~~	
02/01/26	~~512~~	Banque		150

Cet enregistrement est incorrect et inadapté à la comptabilité des sociétés (comptabilité générale utilisant le plan comptable général) qui est une comptabilité d'engagement.

L'enregistrement correct est celui-ci-après, qui se réalise en 2 étapes :

1. Journal des achats

Date	N° compte	Intitulé	Débit	Crédit
01/01/26	6161	Assurance multirisques	150	
01/01/26	40115	Fournisseur Axa		150

Cette première écriture enregistrant la facture d'achat, constate l'engagement d'une dette envers le fournisseur Axa.

2. Journal de banque (enregistre le paiement au fournisseur)

Date	N° compte	Intitulé	Débit	Crédit
02/01/26	40115	Fournisseur Axa	150	
02/01/26	512	Banque		150

La comptabilité d'engagement est une excellente méthode de gestion, car elle permet de suivre les comptes de manière optimale, de connaître la rentabilité et d'avoir une idée précise des créances et des dettes engagées sur la période concernée (l'année comptable = l'« exercice comptable »).

Le plan comptable illustré

Résumé du traitement comptable

Les documents comptables

Le traitement comptable repose sur le traitement consécutif de documents comptables.

- Les pièces comptables sont à la base des écritures
- Les écritures sont inscrites dans les journaux
- Toutes les écritures des journaux sont portées au grand-livre
- La balance regroupe le solde de tout les comptes
- La balance permet l'élaboration du bilan et du compte de résultat

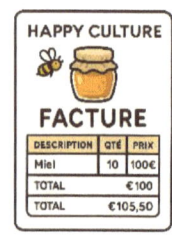

La pièce comptable

À la base des écritures comptables, il y a obligatoirement une pièce comptable : facture, ticket de caisse, reçu, relevé bancaire, talon de chèque, bulletin de paie, état de charges sociale...etc. Les pièces comptables sont à conserver et servent si besoin de preuve.

Les journaux comptables

Les pièces comptables, selon leur nature, sont enregistrées avec les écritures passées dans les différents journaux ➔

- Journal des achats : factures d'achats et de frais généraux
- Journal de ventes : factures de ventes aux clients
- Journal de banque (journal de trésorerie, enregistrement des encaissements et des décaissements effectués en banque)
- Journal de caisse (journal de trésorerie, enregistrement des encaissements et des décaissements effectués avec la caisse)
- Journal de paie : bulletins de paie, état des charges sociales
- Journal d'opérations diverses, journal des à nouveaux...

La totalité des écritures inscrites dans les différents journaux constituent le grand livre.

Le plan comptable illustré

Le grand livre

Toutes les écritures enregistrées dans les journaux sont regroupées par numéros de comptes et par date dans le grand livre. C'est à partir du grand livre que l'on peut éditer sous les comptes (par exemple un extrait de compte client).

La balance

La balance regroupe le solde de tous les comptes. Le solde de tous les comptes est déterminé par le total des écritures qui ont été inscrites au débit et au crédit de chaque compte. ➔ **Solde de fin de période** = solde de début de période (reports à nouveau exercice précédent) + total des sommes au débit − total des sommes au crédit.

Voici un exemple de balance à partir de laquelle seront établis le bilan et le compte de résultat.

Comptes	Débit	Crédit	
101 Capital		10 000	Les comptes de 1 à 5 formeront le bilan
2182 Matériel de transport	8 000		
2818 Amort. Matériel transport		6 000	
401 Fournisseurs		1 200	
411 Clients	50		
5121 Banque	2 200		
53 Caisse	50		
6064 Fournitures administratives	64		
607 Achats de marchandises	8 151		Les comptes 6 et 7 formeront le compte de résultat.
616 Assurance	1 080		
622 Honoraires	2 500		
641 Rémunérat. brutes	12 135		
645 Cotisations de sécurité sociales	2 500		
6453 Cotisations caisses retraite	1 370		
707 Ventes de marchandises		20 800	
7085 Frais de port facturés		100	
Totaux	**38 100**	**38 100**	

Le bilan et le compte de résultat

Le bilan et le compte de résultat sont donc réalisés à partir de la balance scindée en deux parties. ➔

Bilan		
Comptes	Débit	Crédit
101 Capital		10 000
2182 Matériel transport	8 000	
2818 Amort. matériel transport		6 000
401 Fournisseurs		1 200
411 Clients	50	
44571 TVA collectée		0
5121 Banque	2 200	
53 Caisse	50	
Résultat - Bénéfice	6 900	
Totaux	17 200	17 200

Compte de résultat		
Comptes	Débit	Crédit
6064 Fournitures administratives	64	
607 Achats de marchandises	8 151	
616 Assurance	1 080	
622 Honoraires	2 500	
641 Rémunérat. brutes	12 135	
645 Cotisations de sécurité sociales	2 500	
6453 Cotisations aux caisses de retraite	1 370	
707 Ventes de marchandises		20 800
7085 Frais de port facturés		100
Résultat - Bénéfice		6 900
Totaux	27 800	27 800

Il apparaît que :

- pour équilibrer le bilan et le compte de résultat (total des débits = total des crédits), il a été nécessaire d'ajouter une ligne correspondant au résultat en bas des tableaux : c'est un bénéfice de 6 900 €,
- le résultat est obligatoirement identique au bilan et au compte de résultat. C'est la magie de la comptabilité en partie double !

Fin d'année et nouvel exercice

A la fin de l'exercice comptable, les comptes seront clôturés, il ne sera plus possible de modifier la comptabilité de l'année écoulée. Les comptes de bilan seront reportés au nouvel exercice dans le journal des à nouveaux. En clair, cela signifie que si l'exercice comptable s'achève le 31 décembre de l'année N, que le nouvel exercice commencera le 1er janvier N+1. Le solde de la banque au 31/12/N sera reporté au 1er janvier N+1 pour le même montant. Ce sera le cas pour tous les comptes de bilan. En revanche les comptes de gestion ne sont pas reportés. Nouvel exercice = nouveau résultat. On remet alors les compteurs à zéro pour les comptes de charges et de produits.

Modèles d'écritures

Le plan comptable et le principe d'enregistrement des écritures ayant été expliqués, voici ci-après des exemples d'écritures parmi les plus courantes, afin d'offrir un aperçu de la méthode.

Les achats

Facture d'achat de marchandises, journal des achats

Date	N° compte	Intitulé	Débit	Crédit
22/05/N	607	Achat de marchandises	1 000	
22/05/N	44566 (*)	TVA déductibles/ABS	200	
22/05/N	401	Fournisseurs		1 200

(*) Si vous n'êtes pas soumis à la TVA, cette ligne n'est pas à renseigner, il suffit d'inscrire le montant du compte 607 en TTC.

Cette écriture est valable pour tout type d'achat, selon la nature de l'achat, il suffit de remplacer la partie | 607 | Achat de marchandises | par le compte d'achat à choisir dans le tableau ci-dessous ou à vous référer au plan comptable si nécessaire.

6026 Emballages	607 Achats de marchandises
611 Sous-traitance générale	612 Redevances de crédit-bail
613 Locations	614 Charges locatives
615 Entretien et réparation	616 Primes d'assurances
617 Études et recherches	6181 Documentation générale
6183 Documentation technique	621 Personnel extérieur
622 Rémunérations d'intermédiaires et honoraires	623 Publicité, publications, relations publiques
624 Transports de biens et transports collectifs du personnel	625 Déplacements, missions et réceptions
626 Frais postaux et de télécommunications	627 Services bancaires et assimilés

Avoir fournisseur

Si votre fournisseur vous accorde un remboursement il émettra un avoir. L'enregistrement de l'avoir se fait simplement en reprenant l'écriture de la facture d'achat mais en inversant le sens. →

Avoir achat de marchandises, journal des achats.

Date	N° compte	Intitulé	Débit	Crédit
22/05/N	607	Achat de marchandises		1 000
22/05/N	44566	TVA déductibles/ABS		200
22/05/N	401	Fournisseurs	1 200	

Paiement de la facture fournisseur, journal de banque.

Date	N° compte	Intitulé	Débit	Crédit
25/05/N	401	Fournisseurs	1 200	
22/05/N	512	Banque		1 200

Les ventes

Facture de ventes de marchandises, journal des ventes

Date	N° compte	Intitulé	Débit	Crédit
22/05/N	411	Clients	1 200	
22/05/N	707(*)	Vente de marchandises		1 000
22/05/N	4457	TVA collectée		200

(*) Si vous n'êtes pas soumis à la TVA, cette ligne n'est pas à renseigner, il suffit d'inscrire le montant du compte 707 en TTC.

Cette écriture est valable pour tout type de vente, selon la nature de la vente, il suffit de remplacer la partie 707(*) Vente de marchandises par le compte de ventes à choisir dans le tableau ci-dessous.

701 Ventes de produits finis	702 Ventes de produits intermédiaires
703 Ventes de produits résiduels	704 Travaux
705 Études	706 Prestations de services
707 Ventes de marchandises	708 Produits des activités annexes

Avoir client

Si vous accordez à votre client un remboursement, ce sera en émettant un avoir. L'enregistrement de l'avoir se fait simplement en reprenant l'écriture de la facture de vente mais en inversant le sens. →

Avoir vente de marchandises, journal des ventes

Date	N° compte	Intitulé	Débit	Crédit
22/05/N	411	Clients		1 200
22/05/N	707	Vente de marchandises	1 000	
22/05/N	4457	TVA collectée	200	

Encaissement du paiement du client, journal de banque.

Date	N° compte	Intitulé	Débit	Crédit
22/05/N	512	Banque	1 200	
25/05/N	411	Clients		1 200

Lexique indispensable

Ce lexique a pour objectif d'expliquer simplement les principaux termes utilisés dans Le plan comptable illustré. Il est destiné aux débutants.

Actif. Partie gauche du bilan. Représente ce que l'entreprise possède : immobilisations, stocks, créances, trésorerie.

Amortissement. Constatation comptable de la perte de valeur d'une immobilisation due à l'usage et au temps (ex. véhicule, matériel).

Annexe. Document comptable complémentaire du bilan et du compte de résultat. Il apporte des explications détaillées.

Bilan. Document comptable présentant le patrimoine de l'entreprise à la fin de l'exercice comptable, avec l'actif et le passif.

Capitaux propres. Les capitaux propres, appelés aussi fonds propres, représentent les ressources qui appartiennent durablement à l'entreprise. Ils sont constitués :

- du capital versé par les associés ou actionnaires ;
- des bénéfices réalisés au cours des exercices précédents, lorsqu'ils n'ont pas été distribués (bénéfices reportés) ;
- des réserves ;
- et, le cas échéant, des pertes antérieures, qui viennent diminuer le montant des capitaux propres.

Charge. Opération qui diminue le résultat de l'entreprise (achats, loyers, salaires, assurances…). Ce sont les comptes de classe 6.

Classe de comptes. Regroupement des comptes selon leur nature (classes 1 à 7 utilisées couramment, classe 8 hors bilan).

Client. Personne ou entreprise à qui l'on vend des biens ou services. Comptes 411.

Compte. Document comptable permettant d'enregistrer et de suivre une catégorie d'opérations (banque, client, fournisseur…).

Compte de résultat. Document comptable présentant les charges et produits d'une période afin de déterminer le résultat (bénéfice ou perte).

Comptabilité d'engagement. Méthode comptable consistant à enregistrer les opérations à la date d'opération, indépendamment du paiement.

Comptabilité en partie double. Principe selon lequel toute opération affecte au moins deux comptes, avec une égalité entre débit et crédit.

Crédit. Partie droite d'un compte. Son sens dépend de la nature du compte (augmentation d'une dette, diminution d'un actif, augmentation des produits, etc.).

Créance. Somme due à l'entreprise par un tiers (ex. client).

Débit. Partie gauche d'un compte. Son sens dépend de la nature du compte (augmentation d'un actif ou d'une charge, etc.).

Dépréciation. Constatation comptable d'une perte de valeur probable d'un actif.

Écriture comptable. Enregistrement d'une opération dans les comptes, avec au moins une ligne au débit et une au crédit.

Écriture équilibrée. Écriture dont le total des débits est égal au total des crédits.

Engagement hors bilan. Engagements non-inscrits au bilan mais mentionnés en classe 8 (ex. crédit-bail restant à courir).

Exercice comptable. Période de 12 mois sur laquelle sont établis les comptes (souvent du 1er janvier au 31 décembre).

Facture. Document commercial servant de pièce comptable justifiant une écriture.

Fournisseur. Personne ou entreprise qui vend des biens ou services à l'entreprise. Comptes 401.

Grand livre. Document regroupant l'ensemble des comptes de l'entreprise, classés par numéro de compte.

Immobilisation. Bien durable destiné à être utilisé par l'entreprise (matériel, véhicule, bâtiment...). Comptes de classe 2.

Journal. Document dans lequel sont enregistrées les écritures comptables par nature (achats, ventes, banque...).

Passif. Partie droite du bilan. Représente ce que l'entreprise doit : capitaux propres, dettes, emprunts, encours fournisseurs, dettes sociales et fiscales...

Pièce comptable. Document justificatif obligatoire (facture, relevé bancaire, bulletin de paie...).

Plan comptable général (PCG). Référentiel officiel définissant les comptes à utiliser et leurs règles.

Produit. Opération qui augmente le résultat de l'entreprise (ventes, subventions...). Ce sont les comptes de classe 7.

Résultat. Différence entre les produits et les charges : bénéfice ou perte.

Solde. Différence entre le total des débits et le total des crédits d'un compte.

Stock. Biens destinés à être vendus ou consommés dans le cadre de l'activité. Comptes de classe 3.

Tiers. Personnes ou organismes en relation avec l'entreprise (clients, fournisseurs, État...). Comptes de classe 4.

Trésorerie. Disponibilités de l'entreprise : banque et caisse. Comptes de classe 5.

Partie 3. Quiz – Le plan comptable illustré

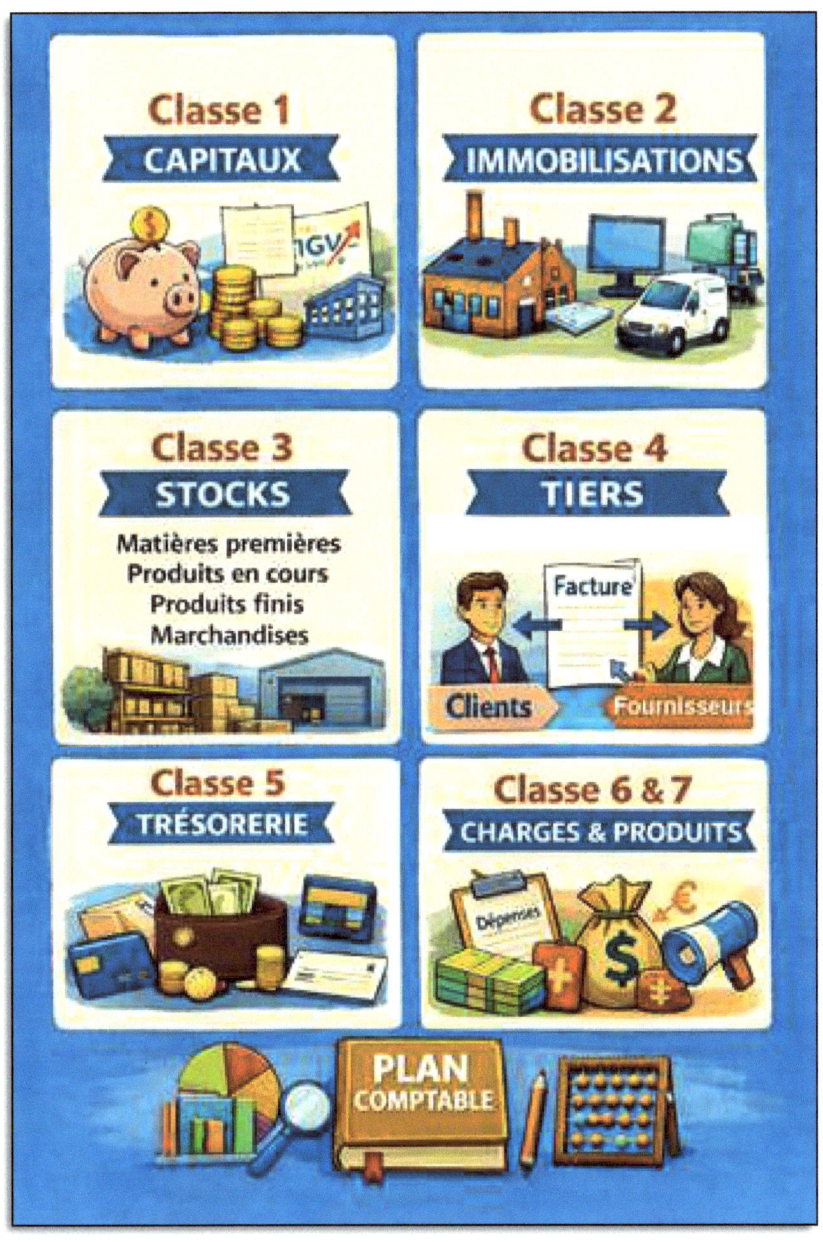

Objectif des quiz. Ces quiz permettent de tester vos connaissances après la lecture de l'ouvrage. Conseil : essayez de répondre aux questions sans consulter le lexique ni le corrigé.

Quiz 1 – Les bases du plan comptable

✦ 1. Combien de classes de comptes sont utilisées couramment en comptabilité générale ?
a) 5
b) 7
c) 8

✦ 2. Le compte 401 correspond à :
a) Un client
b) Un fournisseur
c) Une banque

✦ 3. Le compte 411 est utilisé pour :
a) Les fournisseurs
b) Les clients
c) Les immobilisations

✦ 4. Les comptes de charges appartiennent à quelle classe ?
a) Classe 5
b) Classe 6
c) Classe 7

Retrouvez le corrigé page 60

Quiz 2 – Bilan et compte de résultat

✦ 5. Le bilan représente :
a) Le résultat de l'année
b) Le patrimoine de l'entreprise
c) Le chiffre d'affaires

✦ 6. L'actif du bilan correspond à :
a) Ce que l'entreprise doit
b) Ce que l'entreprise possède
c) Les charges

✦ 7. Le passif du bilan correspond à :
a) Ce que l'entreprise possède
b) Les produits
c) Ce que l'entreprise doit

✦ 8. Un bénéfice existe lorsque :
a) Charges > Produits
b) Charges = Produits
c) Produits > Charges

Retrouvez le corrigé page 60

Quiz 3 – Écritures comptables

◆ 9. En comptabilité en partie double :
a) Une opération impacte un seul compte
b) Une opération impacte au moins deux comptes
c) Le débit est toujours supérieur au crédit

◆ 10. Une écriture comptable est équilibrée lorsque :
a) Le total des débits est égal au total des crédits
b) Le compte banque est soldé
c) Il n'y a qu'une seule ligne

◆ 11. En comptabilité d'engagement, une facture fournisseur est enregistrée :
a) À la date du paiement
b) À la date de la facture
c) À la fin de l'année

 Retrouvez le corrigé page 60

Quiz 4 – Mise en situation

🔶 **12. Une entreprise reçoit une facture d'assurance de 200 €. Quel compte est débité ?**
a) 401 Fournisseurs
b) 616 Primes d'assurances
c) 512 Banque

🔶 **13. Une entreprise facture un client 1 000 €. Quel compte est crédité ?**
a) 411 Clients
b) 707 Ventes
c) 512 Banque

🔶 **14. Le compte banque est créditeur. Quest-ce que cela signifie-t-il ?**
a) Découvert bancaire
b) Réserve d'argent
c) Encaissements supérieurs aux décaissements

🔶 **15. Nous percevons des virements de la part de fournisseurs, quel compte est à débiter ?**
a) 512 Banque
b) 401 Fournisseurs
c) 707 Ventes de marchandises

Retrouvez le corrigé page 60

Corrigé des quiz

Corrigé des questions précédentes.

- ✅ 1. b) 7
- ✅ 2. b) Fournisseur (401)
- ✅ 3. b) Clients (411)
- ✅ 4. b) Classe 6
- ✅ 5. b) Le patrimoine de l'entreprise
- ✅ 6. b) Ce que l'entreprise possède
- ✅ 7. c) Ce que l'entreprise doit
- ✅ 8. c) Produits > Charges
- ✅ 9. b) Une opération impacte au moins deux comptes
- ✅ 10. a) Débits = Crédits
- ✅ 11. b) À la date de la facture
- ✅ 12. b) 616 Primes d'assurances
- ✅ 13. b) 707 Ventes
- ✅ 14. a) Découvert bancaire
- ✅ 15. b) 401 Fournisseurs

Appréciation des résultats des quiz

ⓘ Si vous avez moins de 5 bonnes réponses :
Ce résultat indique que les notions fondamentales de la comptabilité ne sont pas encore maîtrisées. Il est recommandé de revoir attentivement les bases du cours et de s'exercer régulièrement afin de mieux comprendre les mécanismes comptables essentiels.

ⓘ Si vous avez entre 5 et 7 bonnes réponses :
Les bases sont partiellement acquises. Certaines notions sont comprises, mais des erreurs persistent. Un travail de révision complémentaire est nécessaire pour consolider les connaissances et améliorer la précision des réponses.

ⓘ Si vous avez entre 8 et 10 bonnes réponses :
Le résultat est satisfaisant. Les principes fondamentaux sont globalement assimilés, même si quelques imprécisions demeurent. Une analyse attentive des erreurs permettra de renforcer la maîtrise des notions abordées.

ⓘ Si vous avez entre 11 et 13 bonnes réponses :
Très bon résultat. Les connaissances comptables sont bien assimilées et correctement appliquées. Le raisonnement est cohérent et témoigne d'un bon niveau de compréhension. Poursuivez vos efforts afin de maintenir ce niveau.

ⓘ Si vous avez 14 ou 15 bonnes réponses :
Excellent résultat. La maîtrise des notions comptables est solide et rigoureuse. Le travail fourni est sérieux et témoigne d'une très bonne compréhension globale des mécanismes comptables.

Les comptes de classe 8

Comme vu au début de ce livre (page 12), il a été indiqué que l'on traitera brièvement les comptes spéciaux. Vous ne les utiliserez qu'à de très rares occasions, voire jamais. Il n'est donc pas recommandé de s'y attarder.

8 Comptes spéciaux

Les comptes spéciaux n'ont pas été étudiés dans ce livre car ils sont très peu utilisés, ne font ni partie des comptes de bilan, ni des comptes de gestion. Ce sont des engagements hors bilan et des opérations sans influence sur le résultat. Exemples ➔

- 80 Engagements
- 801 Engagements donnés par l'entité
- 8016 redevances crédit-bail restant à courir
- 88 Résultat en attente d'affectation

Conclusion

Cet ouvrage pratique et théorique de cours concernant la présentation illustrée du plan comptable et la méthode d'enregistrement des écritures comptables en partie double est achevée. Sa bonne compréhension est la clé qui vous ouvrira l'accès à la maîtrise de la comptabilité des sociétés et des associations utilisant le plan comptable général.

www.ingramcontent.com/pod-product-compliance
Lightning Source LLC
Chambersburg PA
CBHW040237220526
45473CB00001B/270